CREA TU MARCA PERSONAL EN 10 DÍAS

**Construye tu marca personal en solo 10 días.
¡Haz que el mundo te conozca!**

Derechos de Autor

© 2024 Connect Media. Todos los derechos reservados.

Este libro/obra está protegido por las leyes de derechos de autor y tratados internacionales. Queda prohibida la reproducción, distribución, o transmisión total o parcial de este contenido, en cualquier forma o por cualquier medio (ya sea electrónico, mecánico, fotocopiado, grabación u otros métodos), sin el permiso previo por escrito del titular de los derechos de autor, excepto en los casos permitidos por la ley.

Excepciones Permitidas

Se permite la reproducción de fragmentos breves de este libro para fines de crítica, comentarios, noticias, enseñanza o investigación, conforme a las excepciones de uso justo bajo las leyes de derechos de autor aplicables.

Uso No Autorizado

Cualquier uso no autorizado de los contenidos de esta obra será considerado una infracción a los derechos de autor y podría estar sujeto a sanciones civiles y penales, conforme a las leyes locales e internacionales.

Licencia

Este contenido es de propiedad exclusiva de Connect Media. No se concede ninguna licencia para reproducir, modificar, distribuir o crear trabajos derivados de esta obra, salvo que se indique lo contrario.

Contacto

Si deseas obtener permiso para utilizar parte o la totalidad de esta obra, o si tienes alguna consulta relacionada con los derechos de autor, por favor, contáctanos a través de:
Correo electrónico: connectmediamx@gmail.com

A todos los emprendedores, creadores de contenido, soñadores y visionarios;

Esta obra está dedicada a cada uno de ustedes que, con pasión y dedicación, busca transformar su voz, compartir su mensaje y conectar con el mundo.

A todos aquellos que no temen ser auténticos y que, día tras día, trabajan para construir su marca personal, generar un impacto positivo y crear contenidos que inspiren, eduquen y empoderen.

Gracias por elegir ser parte de este viaje. Este proyecto está aquí para recordarte que el verdadero éxito radica en ser tú mismo, en abrazar tu poder creativo y en nunca rendirte ante los desafíos que encuentres en el camino.

A todos los soñadores que están en constante evolución, les dedico estas palabras con la esperanza de que encuentren en este libro las herramientas y motivación para seguir adelante, construir su legado y conectar con su propósito.

Con gratitud y admiración,
Connect Media

Imagina entrar en una habitación y captar la atención de todos con tu sola presencia.

No se trata de un truco de magia, sino de la combinación perfecta entre apariencia, actitud y confianza.

En este libro, aprenderás cómo construir tu imagen personal desde cero, un día a la vez, durante 10 días.

En este viaje, no solo descubrirás cómo verte bien, sino también cómo sentirte bien contigo mismo y proyectar una imagen que inspire confianza y respeto.

Desde entender quién eres hasta comunicarte con carisma, te daré herramientas prácticas y accesibles para que te transformes por completo.

Este no es solo un manual, es una guía para el cambio personal profundo que puede abrirte puertas en tu vida personal y profesional.

¿Estás listo para dar el primer paso hacia tu mejor versión?

CONTENIDO

DÍA 1
Autoconocimiento y evaluación personal. 22

DÍA 2
Definiendo tu estilo único. 35

DÍA 3
Cómo elegir la vestimenta que refleja tu personalidad. 48

DÍA 4
La comunicación no verbal: postura, gestos y contacto visual. 59

DÍA 5
Tu presencia digital: redes sociales y más. 72

DÍA 6
Cuidado personal y hábitos diarios. 85

DÍA 7
Refinando tus habilidades de comunicación. 92

DÍA 8
Proyectando confianza y carisma. 92

DÍA 9
Estilo de vida que refuerza tu imagen. 103

DÍA 10
Consolidando tu nueva imagen personal. 121

INTRODUCCIÓN

LA IMPORTANCIA DE LA IMAGEN PERSONAL

La imagen personal es un lenguaje universal.

Antes de que pronuncies una sola palabra, tu presencia ya está comunicando algo:

calidez
confianza
profesionalismo.
incluso inseguridad

Vivimos en un mundo visual, donde la percepción que otros tienen de nosotros puede influir en nuestras oportunidades, relaciones y éxito.

Aunque muchos consideran que la apariencia es superficial, la realidad es que tu imagen personal es una extensión de tu identidad y puede ser una herramienta poderosa cuando está alineada con tus valores y metas.

15

¿POR QUÉ IMPORTA LA IMAGEN PERSONAL?

La imagen personal no solo afecta cómo te ven los demás; también influye directamente en cómo te sientes contigo mismo.

La imagen personal no solo afecta cómo te ven los demás; también influye directamente en cómo te sientes contigo mismo.

> Estudios en psicología han demostrado que las primeras impresiones se forman en tan solo 7 segundos.

Cuando proyectas una imagen coherente y positiva, es más probable que te sientas seguro, lo que impacta en tus interacciones y decisiones.

En ese breve lapso, las personas deciden si eres confiable, competente o accesible.

En el ámbito profesional, una imagen bien cuidada puede marcar la diferencia entre ser elegido para un proyecto importante o pasar desapercibido. En lo personal, te ayuda a atraer relaciones que valoran tu autenticidad y valores.

EL MITO DE "SER SUPERFICIAL"

Es común asociar la construcción de una buena imagen con vanidad, pero esto es un error.
Trabajar en tu imagen personal no significa ser falso ni pretender ser alguien que no eres.

Es, más bien, un acto de respeto hacia ti mismo y hacia los demás.
La imagen personal es una herramienta de comunicación, tan importante como tus palabras y acciones.

¿QUÉ ABARCA LA IMAGEN PERSONAL?

La imagen personal no se limita a la ropa que usas. Incluye aspectos como:

TU ESTILO DE COMUNICACIÓN
Cómo hablas y escuchas.

TU LENGUAJE CORPORAL
Postura, gestos y expresión facial.

TU PRESENCIA DIGITAL
Lo que compartes en redes sociales y cómo te perciben en línea.

TU CUIDADO PERSONAL
Higiene, peinado y hábitos de autocuidado.

En este libro, exploraremos cada uno de estos elementos para ayudarte a construir una imagen que sea auténtica, confiable y memorable.

LA PROMESA DE ESTE LIBRO

En solo 10 días, aprenderás a evaluar y transformar tu imagen personal paso a paso. Cada capítulo estará dedicado a un aspecto específico que trabajaremos juntos, desde la autopercepción hasta cómo reflejar tu nueva versión al mundo. No necesitas un presupuesto elevado ni conocimientos previos; solo compromiso y ganas de mejorar.

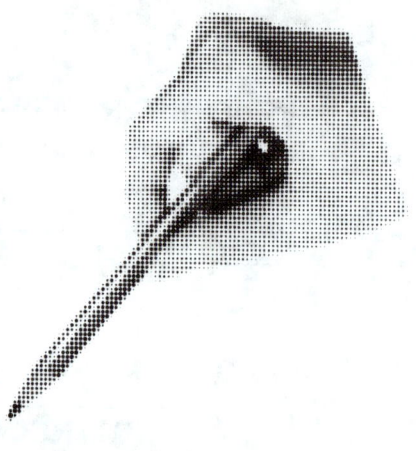

Este es tu punto de partida. A medida que avances en los próximos capítulos, comenzarás a notar cambios sutiles pero significativos en la forma en que te ves y cómo los demás te perciben. Prepárate para abrir las puertas hacia una versión más segura y atractiva de ti mismo.

21

DÍA 1
Autoconocimiento y evaluación personal

El primer paso para construir una imagen personal poderosa es conocerte a ti mismo. El autoconocimiento es la base de cualquier cambio significativo, ya que te permite identificar tus fortalezas, áreas de mejora y, sobre todo, qué es lo que quieres proyectar al mundo.

Antes de seleccionar un estilo de ropa o mejorar tu comunicación, necesitas entender quién eres y cómo deseas que los demás te perciban.

¿QUÉ ES EL AUTOCONOCIMIENTO?

El autoconocimiento implica comprender tus:

- Valores
- Creencias
- Habilidades
- Aspiraciones

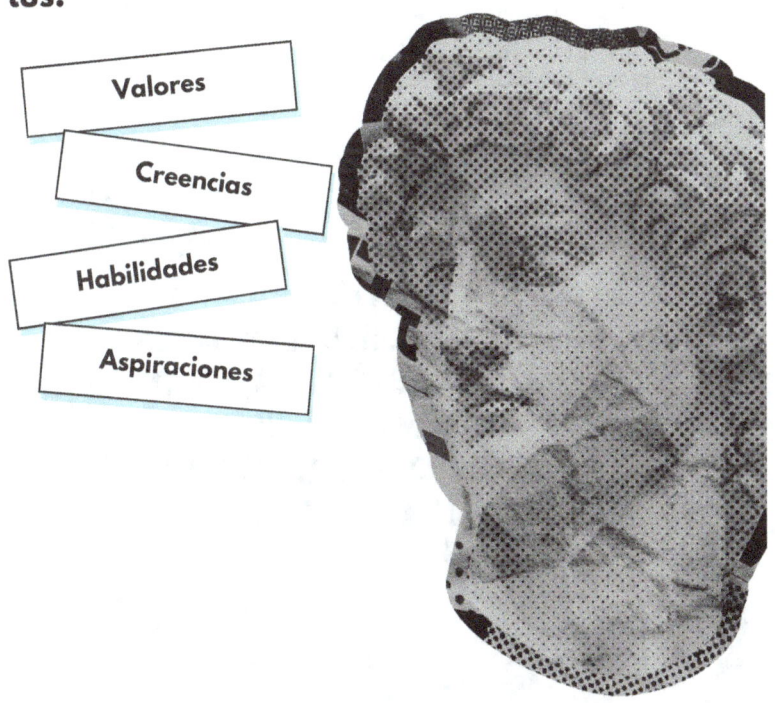

También incluye reconocer:

cómo te ven los demás  y cómo esas percepciones influyen en tus interacciones

ESTE PROCESO NO SOLO TE AYUDARÁ A CONSTRUIR UNA IMAGEN MÁS AUTÉNTICA, SINO TAMBIÉN A SENTIRTE MÁS SEGURO AL PRESENTARTE ANTE LOS DEMÁS.

EJERCICIO 1
Define tus valores principales

Los valores son la brújula que guía tus decisiones y acciones. Para definirlos, reflexiona sobre estas preguntas:

> ¿Qué cualidades admiro en otras personas?

> ¿Qué aspectos considero más importantes en mi vida (familia, honestidad, éxito, creatividad)?

> ¿Qué me hace sentir orgullo de mí mismo?

Escribe tus respuestas y selecciona tres valores que consideres esenciales. Estos valores serán el pilar de tu imagen personal.

EJERCICIO 2
Reflexiona sobre tu identidad actual

Haz una lista de palabras que describan cómo crees que los demás te ven. Luego, haz otra lista de cómo te gustaría que te percibieran.

Por ejemplo:

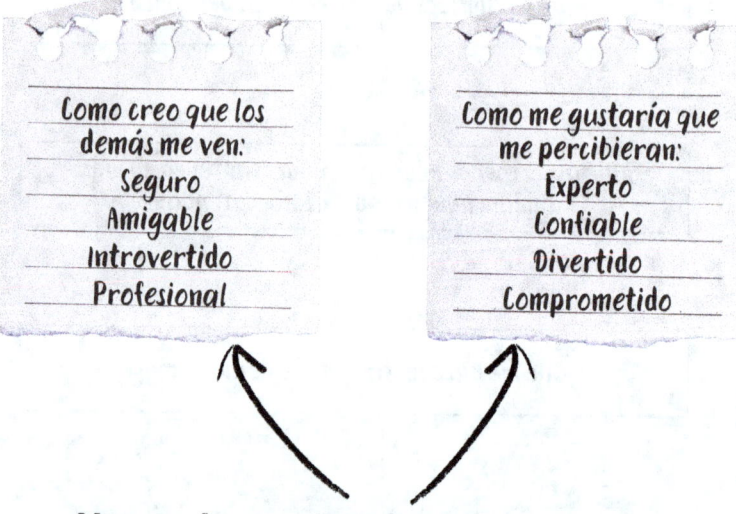

¿Notas alguna discrepancia entre estas dos?

Identificar estas diferencias es clave para establecer objetivos claros en tu transformación.

CONSTRUYENDO TU DECLARACIÓN PERSONAL

Una declaración personal es una frase que resume quién eres y qué quieres proyectar.

Por ejemplo:

"Soy una persona creativa y confiable, capaz de aportar soluciones innovadoras en cualquier situación."

"Quiero ser percibido como alguien profesional, accesible y seguro de sí mismo."

Escribe tu propia declaración personal y tenla presente a lo largo de este proceso. Será tu guía en los próximos días.

EJERCICIO 3
Fortalezas y oportunidades

Escribe tres habilidades o cualidades que consideres tus mayores fortalezas.

Fortalezas:
Soy buen comunicador
Tengo buen gusto al vestirme
Soy amable.

Anota tres aspectos de tu personalidad o hábitos que creas que podrías mejorar.

Áreas de mejora:
Necesito trabajar en mi postura
Tengo poca presencia en redes sociales
A veces dudo de mí mismo al hablar en público

HERRAMIENTAS PARA EL AUTOCONOCIMIENTO

Existen varios métodos para profundizar en tu conocimiento personal. A continuación, te comparto algunos de los más efectivos:

TEST DE PERSONALIDAD

Herramientas como el MBTI (Indicador de Tipos de Myers-Briggs) pueden ayudarte a comprender tu tipo de personalidad y cómo interactúas con los demás.

FEEDBACK DE OTROS

Pide a personas cercanas que describan cómo te perciben. Aunque puede ser incómodo, este ejercicio te dará información valiosa para entender cómo proyectas tu imagen actualmente.

DIARIO PERSONAL

Llevar un registro de tus pensamientos y experiencias puede ayudarte a identificar patrones en tu comportamiento y emociones.

ESTABLECIENDO METAS CLARAS

Con base en los ejercicios anteriores, define tres objetivos concretos para trabajar en tu imagen personal. Asegúrate de que sean específicos, medibles, alcanzables, relevantes y con un tiempo definido (método SMART).

Ejemplo de metas SMART:

Mejorar mi postura al caminar y sentarme en los próximos 10 días.
Crear un perfil profesional en LinkedIn y actualizarlo con información relevante esta semana.
Elegir dos nuevos atuendos que reflejen mi estilo único antes del día 3.

EL IMPACTO DEL AUTOCONOCIMIENTO EN TU IMAGEN PERSONAL

Invertir tiempo en conocerte mejor no solo mejorará tu imagen externa, sino también tu bienestar emocional.

Te sentirás más seguro al tomar decisiones y al interactuar con los demás, porque sabrás que estás siendo auténtico y fiel a ti mismo.

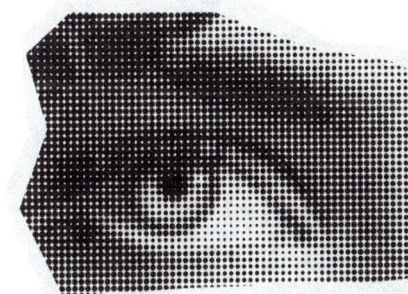

Dedica al menos 30 minutos a realizar los ejercicios de este capítulo.
Guarda tus reflexiones y metas en un lugar donde puedas revisarlas fácilmente, ya que serán fundamentales para los días siguientes.

DÍA 2
Definiendo tu estilo único

La ropa que usas, los colores que eliges y cómo combinas las piezas que forman tu atuendo son una forma de comunicación no verbal.

Tu estilo único no solo debe reflejar quién eres, sino también alinear tus elecciones de vestimenta con tus metas personales y profesionales.

Este capítulo te guiará a descubrir un estilo que hable de ti sin necesidad de palabras.

¿QUÉ ES UN ESTILO ÚNICO?

Tu estilo es una representación visual de tu personalidad.

Es una mezcla de tus preferencias estéticas, tus valores y la impresión que deseas causar en los demás.

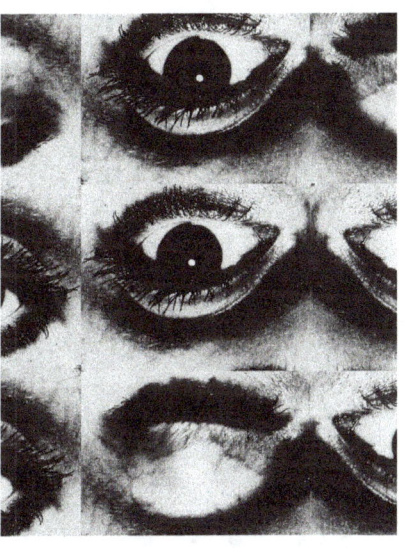

Tener un estilo único no significa:

- usar ropa extravagante
- seguir las últimas tendencias

Sino encontrar un equilibrio entre:

comodidad+funcionalidad+autenticidad

EL PODER DEL ESTILO EN LA IMAGEN PERSONAL

Un estilo bien definido puede:

Aumentar tu confianza y autoestima.

Crear coherencia entre tu apariencia y tu personalidad.

Hacer que te recuerden y asocien con cualidades positivas.

Un ejemplo claro son las personas que tienen una "marca personal" reconocible.

Steve Jobs, por ejemplo, siempre vestía de negro con un cuello alto, proyectando simplicidad y enfoque.

¿Qué quieres proyectar tú?

EJERCICIO 1
Identifica tu inspiración de estilo

Para empezar, busca inspiración en personas, personajes o estilos que admires. Puedes usar plataformas como Pinterest o Instagram para crear un tablero de ideas.

Ahora hazte las siguientes preguntas:

¿Qué tienen en común estos estilos?

¿Qué emociones te generan?

¿Cómo puedes adaptar esos elementos a tu vida diaria?

EJERCICIO 2
Define cuál de estas categorías se alinea más con tu personalidad

Aunque cada persona tiene un estilo único, la mayoría caen en categorías generales.
Estas son algunas:

Define cuál de estas categorías se alinea más con tu personalidad. Si sientes que perteneces a más de una, puedes mezclar elementos para adaptarlos a tus necesidades.

La personalidad es diversa y única. Existe una infinidad y no es necesario que encajes forzosamente en una, esto solo es para contar con una referencia. Se pueden combinar estas categorías para reflejar mejor la autenticidad y abrazar todas las facetas especiales de cada individuo.

COMPRENDE TU CUERPO Y LO QUE MEJOR TE QUEDA

El estilo también implica saber qué prendas realzan tus atributos físicos y cuáles no favorecen tu figura.

Esto no se trata de ajustarte a estándares de belleza, sino de destacar lo que te hace único.

Es esencial reconocer que cada persona tiene un cuerpo único y que la moda es una herramienta para expresar la identidad.

Elegir ropa que resalte las mejores características aumenta la confianza y comodidad. El estilo personal incluye también accesorios, peinados y maquillaje, que pueden transformar un atuendo y reflejar la personalidad.

La moda es un arte en constante evolución; experimentar con tendencias es liberador y divertido. Lo más importante es sentirse auténtico, explorando colores y texturas para encontrar la combinación que te haga sentir tú mismo.

EJERCICIO 3
Análisis de proporciones

Obsérvate en el espejo o toma una foto de cuerpo entero.

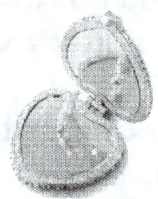

Identifica las áreas que deseas resaltar (cintura, hombros, piernas).

Investiga qué cortes, colores y texturas favorecen esas áreas.

Por ejemplo:

Si tienes hombros anchos, usar prendas con cuello en V puede equilibrar tu figura.
Si tienes piernas largas, los pantalones ajustados o de talle alto pueden destacarlas.

EL PAPEL DE LOS COLORES EN TU ESTILO

Los colores que eliges tienen un gran impacto en cómo los demás te perciben. Cada color transmite emociones y sensaciones específicas:

NEGRO
Profesionalismo, poder, elegancia.

BLANCO
Pureza, claridad, simplicidad.

ROJO
Pasión, confianza, energía.

AZUL
Confianza, serenidad, estabilidad.

VERDE
Naturaleza, frescura, equilibrio.

EJERCICIO 4
Descubre tu paleta de colores

Determinemos si tu tono de piel es cálido, frío o neutro.

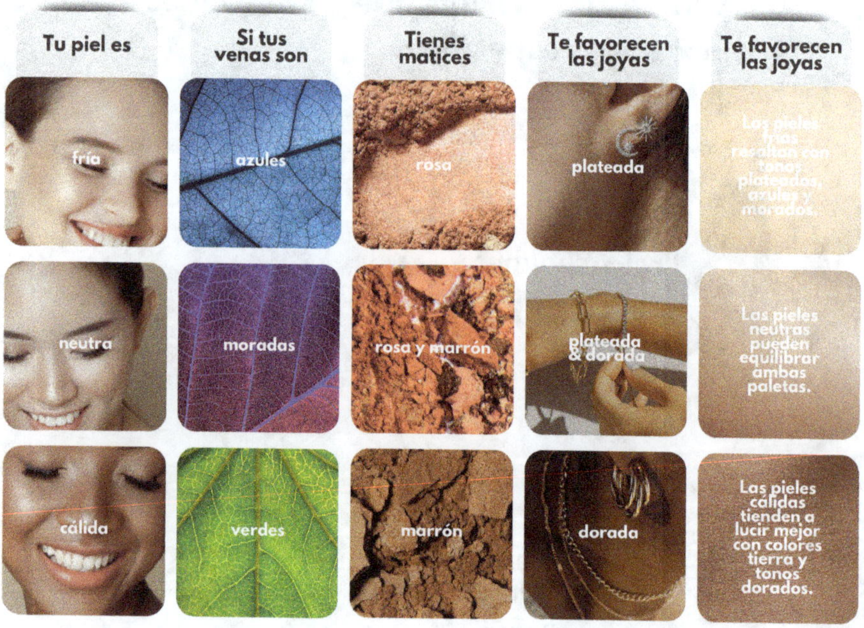

Tu piel es	Si tus venas son	Tienes matices	Te favorecen las joyas	Te favorecen las joyas
fría	azules	rosa	plateada	Las pieles frías resaltan con tonos plateados, azules y morados.
neutra	moradas	rosa y marrón	plateada & dorada	Las pieles neutras pueden equilibrar ambas paletas.
cálida	verdes	marrón	dorada	Las pieles cálidas tienden a lucir mejor con colores tierra y tonos dorados.

Experimenta combinando colores y observa cuáles te hacen sentir más seguro.

¿Cuáles son tus tonos?

44

CREA TU UNIFORME PERSONAL

Un "uniforme personal" consiste en una combinación básica de prendas que siempre te hacen lucir bien. Esto no significa vestir igual todos los días, sino tener piezas clave que se adapten a diferentes situaciones.

Por ejemplo:

Una camisa blanca de calidad, que puedas usar con jeans para un look casual o con un blazer para algo más formal.

Accesorios que complementen tu personalidad.

Pantalones de corte recto que favorezcan tu figura.

EJERCICIO 5
Elige tres atuendos básicos que puedas usar en diferentes contextos

Dedica tiempo a experimentar frente al espejo con las combinaciones que identificaste.
Pide feedback a personas de confianza para asegurarte de que tu estilo proyecta lo que deseas.

46

DÍA 3
Cómo elegir la vestimenta que refleja tu personalidad

COMPRENDE TU CUERPO Y LO QUE MEJOR TE QUEDA

La ropa que eliges cada día es una declaración silenciosa al mundo sobre quién eres.

Más allá de las marcas o tendencias, lo que realmente importa es que tu vestimenta sea coherente con tu identidad y refuerce la imagen que deseas proyectar.

Este capítulo te ayudará a tomar decisiones conscientes al momento de elegir qué usar, asegurándote de que cada prenda cuente una historia auténtica sobre ti.

¿QUÉ COMUNICA TU ROPA ACTUALMENTE?

La forma en que te vistes ya está transmitiendo un mensaje. Sin embargo, ¿es el mensaje correcto?

Reflexiona sobre estas preguntas:

¿Te sientes seguro y cómodo con las prendas que usas diariamente?

¿Cómo describirías tu estilo actual?

¿Tu vestimenta está alineada con tu entorno social y profesional?

EJERCICIO 1
Observa tu guardarropa

Abre tu armario y selecciona tus prendas favoritas.

Pregúntate por qué te gustan: ¿Es el color, el ajuste, la textura o cómo te hacen sentir?

Identifica las piezas que rara vez usas y anota por qué no te atraen.

Este ejercicio te ayudará a entender tus preferencias y a eliminar aquello que no refleja tu personalidad.

LOS PILARES DE UNA VESTIMENTA QUE REFLEJA TU PERSONALIDAD

Coherencia con tus valores y objetivos

Tu vestimenta debe ser un reflejo de tus metas. Por ejemplo, si deseas proyectar profesionalismo, opta por prendas estructuradas y colores neutros. Si buscas mostrar creatividad, experimenta con estampados o accesorios llamativos.

Conexión emocional

Las prendas que usas deben hacerte sentir bien. Si una prenda te da confianza, aunque no sea la "tendencia", úsala. La autenticidad es más poderosa que seguir reglas estrictas de moda.

Adaptabilidad a tu estilo de vida

Una imagen auténtica no debe ser incómoda o difícil de mantener. Si tu día a día es dinámico, elige ropa versátil que se adapte a diferentes contextos.

52

APRENDE A ELEGIR LAS PRENDAS ADECUADAS

1. ENFÓCATE EN EL AJUSTE

El ajuste correcto es clave para lucir bien. Incluso la ropa más costosa puede lucir mal si no encaja bien en tu cuerpo.

ROPA DEMASIADO AJUSTADA
Puede dar una impresión de incomodidad

ROPA DEMASIADO HOLGADA
Puede hacer que parezcas descuidado.

2. ELIGE MATERIALES DE CALIDAD

Los materiales no solo afectan la durabilidad de tus prendas, sino también cómo se sienten al usarlas.

Busca tejidos naturales como algodón, lino o lana para mayor comodidad y transpirabilidad.

Evita materiales sintéticos de baja calidad que pueden lucir baratos o desgastarse rápidamente.

3. CONSIDERA TU ENTORNO

Tu vestimenta debe adaptarse al lugar y la ocasión. Piensa en las expectativas de tu entorno social y profesional.

Para un entorno corporativo, opta por prendas clásicas como trajes, blazers y camisas de tonos sobrios.

En un contexto creativo, experimenta con texturas, colores y patrones más arriesgados.

EL IMPACTO DEL COLOR EN TU VESTIMENTA

Cada color tiene un significado y puede influir en cómo te perciben. Además de identificar tu paleta ideal (como vimos en el capítulo anterior), piensa en el mensaje que deseas transmitir:

NEGRO
Elegancia, poder y sofisticación. Ideal para eventos formales o reuniones importantes.

BLANCO
Frescura y limpieza. Perfecto para entrevistas o presentaciones.

GRIS
Neutralidad y profesionalismo. Versátil para cualquier contexto.

AZUL MARINO
Confianza y estabilidad. Útil para reuniones corporativas.

COLORES VIVOS
Energía y creatividad. Úsalos para destacar en ocasiones informales.

EJERCICIO 2
Crea combinaciones intencionales

Selecciona tres colores que se adapten a tu tono de piel y úsalos como base para crear atuendos. Experimenta combinando tonos neutros con toques de colores llamativos en accesorios o detalles.

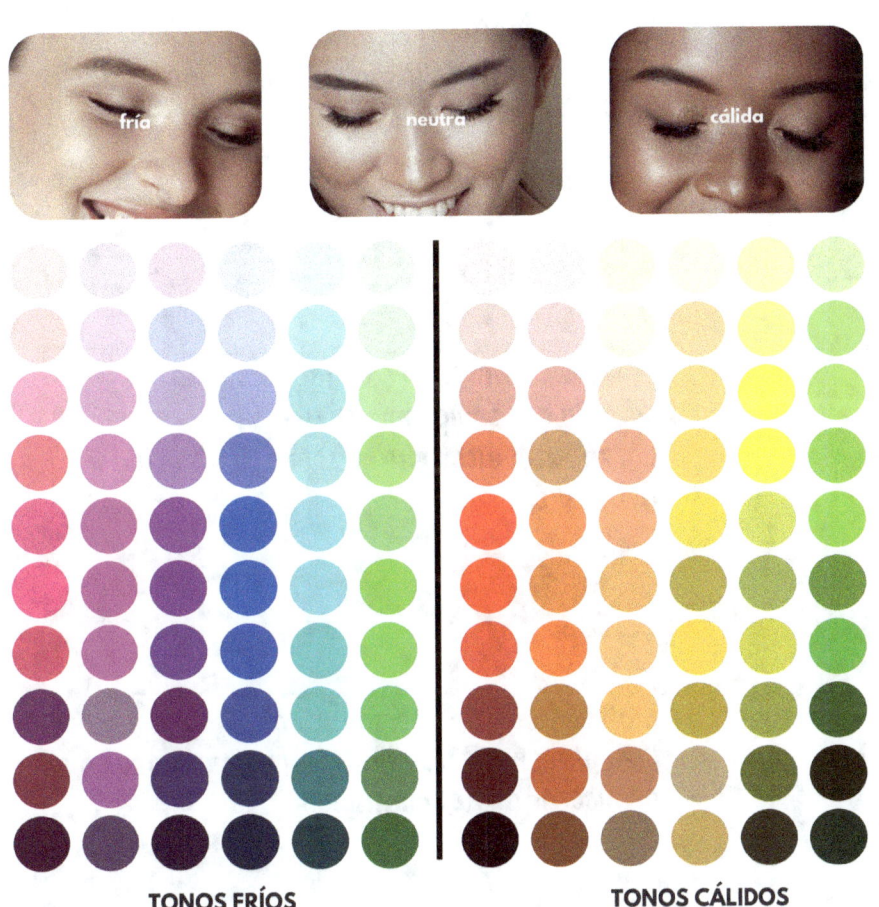

TONOS FRÍOS　　　　　**TONOS CÁLIDOS**

LOS DETALLES MARCAN LA DIFERENCIA

A menudo, son los pequeños elementos los que hacen que un atuendo destaque:

Accesorios: Un reloj elegante, una bufanda llamativa o un collar minimalista pueden elevar cualquier look.

Zapatos: Invierte en calzado de buena calidad que complemente tu estilo. Los zapatos dicen mucho sobre tu atención al detalle.

Higiene y cuidado personal: Ropa limpia, bien planchada y cuidada es esencial para proyectar profesionalismo.

DEDICA UNA HORA A REVISAR TU GUARDARROPA

Organiza las prendas en tres categorías:

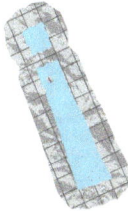
Elimina lo que no te haga sentir seguro o no represente tu estilo.
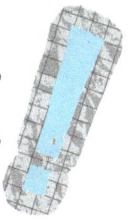

Crea tres atuendos combinando tus prendas favoritas y prueba usarlos en diferentes situaciones esta semana.

DÍA 4
La comunicación no verbal: postura, gestos y contacto visual

Más del 50 % de lo que comunicamos no proviene de nuestras palabras, sino de cómo nos movemos, miramos y presentamos físicamente.

La comunicación no verbal es una parte fundamental de tu imagen personal y puede respaldar o contradecir lo que dices.

En este capítulo, aprenderás a dominar tu lenguaje corporal para proyectar:

confianza profesionalismo autoridad

¿QUÉ ES LA COMUNICACIÓN NO VERBAL?

La comunicación no verbal incluye todo aquello que no se transmite con palabras. Esto abarca:

Postura: Cómo te paras y te sientas.

Gestos: Movimientos de manos, brazos y expresiones faciales.

Contacto visual: Cómo y cuánto tiempo miras a las personas.

Proxémica: La distancia que mantienes con los demás.

Cuando estos elementos están alineados con tu mensaje verbal, generas coherencia y confianza.

EJERCICIO 1
Evalúa tu postura actual

Tu postura envía señales inmediatas sobre cómo te sientes contigo mismo. Una postura erguida comunica confianza y profesionalismo, mientras que una encorvada puede sugerir inseguridad o apatía.

1. Colócate frente a un espejo.

2. Observa si tus hombros están caídos o alineados.

3. Analiza si distribuyes el peso en ambos pies al pararte.

Cómo mejorar tu postura:

Mantén los hombros hacia atrás y relajados.

Levanta ligeramente el mentón para proyectar seguridad.

Imagina un hilo que tira de la parte superior de tu cabeza hacia el techo para alinear tu columna vertebral.

GESTOS: EL ARTE DE HABLAR CON EL CUERPO

Los gestos son una extensión natural de tus palabras, pero deben ser controlados para evitar distracciones.

GESTOS EFECTIVOS

Movimientos de manos que enfatizan tus puntos clave, como abrir las palmas para mostrar apertura o usar los dedos para enumerar ideas.

GESTOS QUE DEBERÍAS EVITAR

Cruzar los brazos (que sugiere cerrarte).
Jugar con objetos (como un bolígrafo).
Movimientos repetitivos que distraigan.

EJERCICIO 2
Practica gestos intencionales

1. Toma un texto breve y léelo frente a un espejo.

2. Identifica qué gestos haces de forma natural.

3. Ajusta aquellos que no refuercen tu mensaje o parezcan poco naturales.

EL PODER DEL CONTACTO VISUAL

El contacto visual crea una conexión inmediata con la persona que tienes frente a ti.
Sin embargo, encontrar el equilibrio entre mirar y no intimidar es clave.

Consejos para un contacto visual efectivo:

1. **Frecuencia**: Mantén contacto visual durante el 60-70 % de la conversación.

2. **Dirección**: Mira a los ojos de tu interlocutor, alternando ocasionalmente entre sus ojos y su boca para evitar parecer demasiado intenso.

3. **Duración**: No evites mirar directamente, pero tampoco mantengas la mirada fija por demasiado tiempo.

EJERCICIO 3
Prueba la "regla de tres segundos"

Durante tus interacciones diarias, mantén contacto visual durante tres segundos antes de desviar la mirada brevemente. Esto crea una sensación de conexión sin ser incómodo.

EXPRESIONES FACIALES: HABLA CON TUS EMOCIONES

Tu rostro es el reflejo más inmediato de tus emociones. Aprender a controlar tus expresiones puede ayudarte a proyectar empatía, interés y profesionalismo.

Sonrisa auténtica: Una sonrisa genuina, que incluya los ojos, transmite accesibilidad y calidez.

Neutralidad profesional: En situaciones formales, mantén un rostro relajado y sereno para evitar parecer distraído o preocupado.

EJERCICIO 4
Practica frente al espejo

Tu rostro es el reflejo más inmediato de tus emociones. Aprender a controlar tus expresiones puede ayudarte a proyectar empatía, interés y profesionalismo.

1
Relaja los músculos de tu cara.

2
Practica sonreír de forma natural sin exagerar.

3
Observa cómo cambia tu expresión cuando levantas las cejas ligeramente para mostrar interés.

PROXÉMICA: RESPETA EL ESPACIO PERSONAL

La distancia que mantienes con los demás depende del contexto y la cultura, pero es esencial para generar comodidad.

- Zona íntima: Menos de 50 cm. Reservada para personas cercanas.

- Zona personal: Entre 50 cm y 1.5 m. Ideal para interacciones cotidianas.

- Zona social: Más de 1.5 m. Útil para situaciones profesionales o presentaciones en público.

Consejo: Si notas que alguien se aleja cuando te acercas, respeta su espacio personal.

CÓMO USAR LA COMUNICACIÓN NO VERBAL PARA CAUSAR IMPACTO

Un lenguaje corporal alineado con tu mensaje verbal aumenta tu credibilidad y confianza.
Por ejemplo:

ENTREVISTAS DE TRABAJO

Mantén una postura erguida, da un apretón de manos firme y establece contacto visual al responder preguntas.

PRESENTACIONES PÚBLICAS

Usa gestos amplios para involucrar a la audiencia y varía tus expresiones faciales para enfatizar tus puntos clave.

Dedica al menos 15 minutos a practicar los ejercicios de este capítulo. Graba un video de ti mismo hablando sobre un tema breve y analiza tu postura, gestos y contacto visual. Haz ajustes según sea necesario.

DÍA 5
Tu presencia digital: redes sociales y más

En un mundo cada vez más conectado, tu presencia digital es una extensión directa de tu imagen personal.

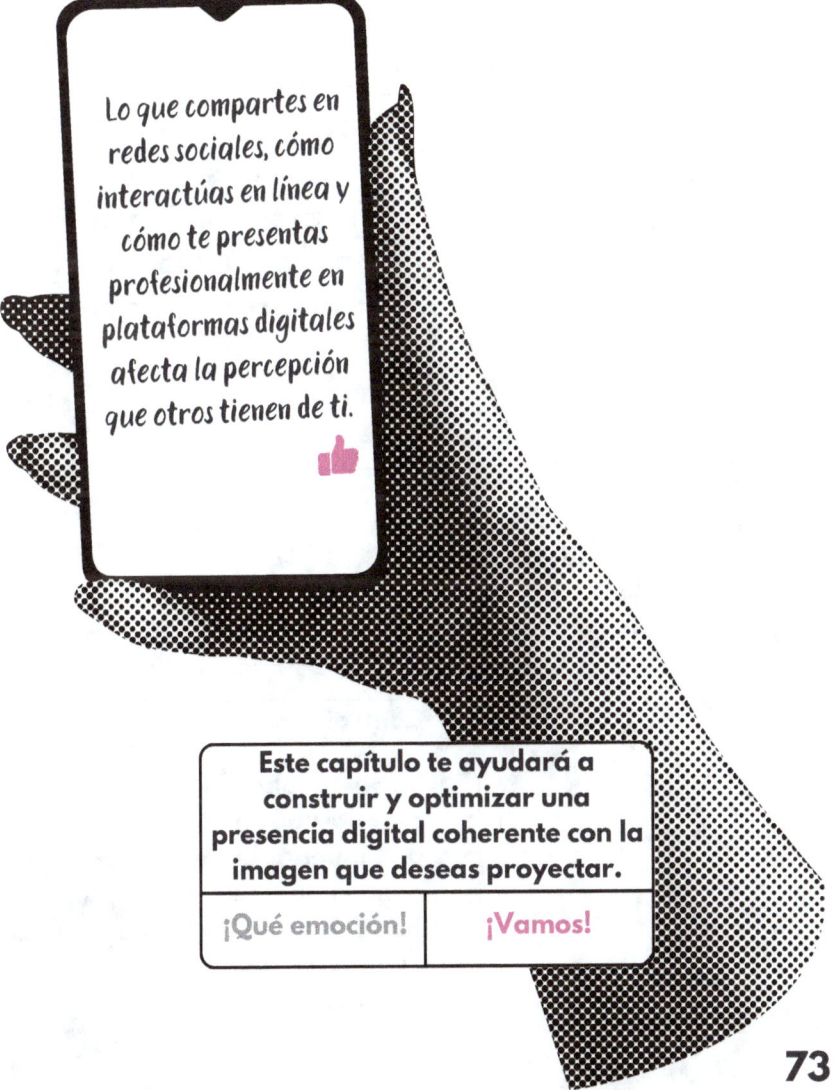

Lo que compartes en redes sociales, cómo interactúas en línea y cómo te presentas profesionalmente en plataformas digitales afecta la percepción que otros tienen de ti.

Este capítulo te ayudará a construir y optimizar una presencia digital coherente con la imagen que deseas proyectar.

¡Qué emoción! | ¡Vamos!

¿POR QUÉ ES IMPORTANTE TU PRESENCIA DIGITAL?

Hoy en día, es común que las personas busquen información sobre ti en internet antes de conocerte en persona.

Reclutadores, socios potenciales e incluso amigos suelen formar opiniones basadas en lo que encuentran en línea.

Coherencia

Tu imagen digital debe reflejar tu autenticidad y ser consistente con quién eres fuera de las redes.

Control

Lo que publicas o permites que otros publiquen sobre ti puede impactar positiva o negativamente tu reputación.

EJERCICIO 1
Búsqueda de tu nombre

Antes de comenzar a mejorar tu presencia digital, realiza una auditoría de tu huella en línea.

1 Escribe tu nombre en Google y revisa los resultados.

2 Evalúa si las primeras páginas muestran información positiva, neutral o negativa.

3 Haz una lista de los perfiles o contenidos que deseas actualizar o eliminar.

CONSTRUYE UN PERFIL PROFESIONAL SÓLIDO

Las redes sociales como LinkedIn, Twitter o incluso Instagram pueden ser poderosas herramientas para destacar en tu campo profesional.

LINKEDIN

Tu carta de presentación profesional, este es el lugar donde puedes establecer conexiones laborales y mostrar tu experiencia.

"Apasionado por el marketing digital, con experiencia en estrategias para redes sociales y Meta/Google Ads. Crezcamos tu negocio juntos."

FOTO DE PERFIL
Elige una foto clara, cara descubierta y ropa semi formal, con fondo neutro donde luzcas profesional y confiado.

EXTRACTO
Escribe un párrafo que resuma quién eres, tus habilidades principales y tus objetivos.

- Lideré la campaña de "Members Brand" en 2022.
- Desarrollé la plataforma "AIFY" de cursos online.
- Implementé el Programa Affiliates en "Stones Inc".

EXPERIENCIA
Incluye logros específicos, utilizando verbos de acción como "lideré", "desarrollé" o "implementé".

INTERACCIÓN
Publica contenido relevante de tu industria o comenta en publicaciones de tus contactos para mantenerte activo.

CONSTRUYE UN PERFIL PROFESIONAL SÓLIDO

REDES SOCIALES PERSONALES

Aunque tus cuentas personales como Instagram o Facebook no sean exclusivamente profesionales, también forman parte de tu presencia digital.

PRIVACIDAD
Ajusta las configuraciones para limitar el acceso a publicaciones que no deseas que sean públicas.

CONTENIDO
Evita publicar comentarios o imágenes que puedan ser malinterpretados o afectar tu reputación.

Consejo: Maneja tus redes sociales con la misma seriedad que un negocio. Si decides utilizar tu cuenta personal para ofrecer tus servicios, es fundamental que la gestiones con profesionalismo. Si prefieres mantener tu vida privada separada, considera la opción de crear una cuenta exclusiva para la promoción de tus servicios.

CONSTRUYE TU MARCA PERSONAL EN LÍNEA

Una marca personal sólida puede ayudarte a destacar en tu área de interés. Sigue estos pasos:

DEFINE TU PROPÓSITO EN LÍNEA

Pregúntate: ¿Qué quiero que otros asocien conmigo? Por ejemplo: creatividad, liderazgo, empatía, etc.

CREA CONTENIDO DE VALOR

Comparte publicaciones que reflejen tus intereses y experiencia. Esto puede incluir artículos, videos o historias personales relacionadas con tus metas.

ESTABLECE CONSISTENCIA VISUAL Y TONAL

Usa los mismos colores, estilos de imagen y tono en tus publicaciones para que tu presencia sea reconocible.

INTERACTÚA CON TU AUDIENCIA

Responde preguntas, agradece comentarios y únete a conversaciones relevantes. Esto te ayudará a construir una comunidad en torno a tu marca personal.

CUIDADO CON LOS RIESGOS DIGITALES

Imágenes y comentarios inadecuados:
Antes de publicar algo, pregúntate: ¿cómo percibiría esto un reclutador, cliente o colega?

Opiniones extremas:
Si bien es importante tener voz propia, evita comentarios que puedan ser polarizantes si no están alineados con tu imagen deseada.

Etiquetas no deseadas:
Ajusta configuraciones para evitar que otros te etiqueten en publicaciones sin tu permiso.

OPTIMIZA TU PRESENCIA DIGITAL CON HERRAMIENTAS ÚTILES

Combina estas herramientas para maximizar su potencial. Por ejemplo, diseña con Canva (usando tu kit de marca), edita videos en CapCut y programa todo tu contenido con Hootsuite, mientras usas ChatGPT para perfeccionar textos y generar ideas frescas.

CANVA

Una herramienta esencial para crear gráficos atractivos y profesionales, ideal para publicaciones en redes sociales, currículums, y banners, sin necesidad de experiencia en diseño. Incluye un kit de marca para guardar colores, fuentes y logotipos personalizados, asegurando coherencia visual en todo el contenido y facilitando el diseño gráfico.

META BUSINESS SUITE

Gestiona tus cuentas de Instagram y Facebook desde una sola aplicación. Puedes programar publicaciones, responder mensajes, analizar estadísticas y mejorar tu estrategia de contenido en ambas plataformas.

CAPCUT

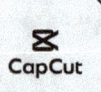

La mejor app gratuita para crear y editar videos profesionales desde tu dispositivo móvil. Ofrece plantillas, efectos y transiciones ideales para plataformas como TikTok e Instagram Reels. También incluye una función de kit de marca que te permite integrar colores, fuentes y logotipos personalizados para mantener coherencia visual en todos tus videos.

OPTIMIZA TU PRESENCIA DIGITAL CON HERRAMIENTAS ÚTILES

LINKTREE

Una solución simple y eficaz para agrupar todos tus enlaces en un solo lugar. Es perfecto para compartir tu portafolio, tienda online, redes sociales o proyectos desde tu biografía de Instagram o TikTok.

CHATGPT

Un asistente inteligente para optimizar tu contenido digital. Puedes usarlo para:
Escribir biografías atractivas y profesionales.
Crear scripts para videos o publicaciones.
Generar ideas originales para contenido en redes sociales.
Mejorar la claridad y el impacto de tus textos.

NOTION

La herramienta definitiva para organizar y planificar. Úsala para estructurar estrategias de contenido, programar calendarios editoriales, tomar notas o colaborar con un equipo en proyectos creativos.

HOOTSUITE

Gestiona múltiples cuentas de redes sociales desde una sola plataforma. Es ideal para programar publicaciones y obtener reportes detallados del rendimiento de tus contenidos.

EJERCICIO 2
Optimizando mis redes

Elige una red social y actualiza tu perfil siguiendo las recomendaciones de este capítulo.

Comparte una publicación que refleje quién eres o lo que haces. Puede ser una experiencia laboral, un logro personal o un artículo interesante.

Si tienes publicaciones antiguas que no se alinean con tu imagen actual, elimínalas o ajusta su privacidad.

Crea una estrategia digital que te ayude a conseguir tus objetivos digitales (alcance, interacción, ventas).

Comienza a crear contenido orgánico que resuene con tu audiencia objetivo.

ACCIÓN EXTRA
Crea tu propio dominio

Si quieres llevar tu presencia digital al siguiente nivel, considera crear un sitio web personal con tu nombre como dominio (ejemplo: www.nombreapellido.com).

Tu sitio personal puede incluir:

Un resumen sobre ti.

Los productos o servicios que ofreces.

Tu contacto para aquellos que busquen trabajar contigo.

Tu portafolio o proyectos.

Un blog para compartir tus ideas.

Consejo: Si necesitas ayuda creando tu propio dominio, contáctanos, estaremos muy emocionados de llevar tu marca a otro nivel.

84

DÍA 6
Cuidado personal y hábitos diarios

La imagen personal no solo se basa en lo que vistes o en cómo te presentas ante los demás, sino también en el cuidado que das a tu cuerpo y mente. La consistencia en tus hábitos diarios refuerza tu confianza y proyecta una imagen saludable y enérgica. Este capítulo se centrará en estrategias para mantener un cuidado personal efectivo y sostenible.

LA CONEXIÓN ENTRE CUIDADO PERSONAL E IMAGEN

Tu apariencia física es un reflejo directo de tu estado de salud y bienestar.

Una rutina sólida de cuidado personal no solo mejora tu apariencia, sino que también refuerza tu autoestima y reduce el estrés, permitiéndote afrontar el día con seguridad y energía.

ELEMENTOS CLAVE DEL CUIDADO PERSONAL

HIGIENE DIARIA IMPECABLE

Una buena higiene es la base de una imagen atractiva. Esto incluye:

- Ducharte diariamente y usar productos de calidad para el cabello y la piel.
- Mantener las uñas limpias y bien cortadas.
- Usar un desodorante efectivo y, si lo deseas, un perfume que refleje tu personalidad.

CUIDADO DE LA PIEL

La piel es uno de los aspectos más visibles de tu imagen. Invierte tiempo en cuidarla:

- Limpieza: Lava tu rostro por la mañana y antes de dormir.
- Hidratación: Usa una crema hidratante adecuada para tu tipo de piel.
- Protección solar: Aplica protector solar todos los días para prevenir el daño solar y el envejecimiento prematuro.

CUIDADO DEL CABELLO

Mantén un corte que se adapte a tu estilo personal y esfuérzate por mantenerlo limpio y bien peinado. Usa productos específicos para tu tipo de cabello para darle brillo y vitalidad.

SALUD DENTAL

Una sonrisa saludable es fundamental. Cepíllate los dientes al menos dos veces al día, usa hilo dental y considera visitar al dentista regularmente.

ESTABLECE HÁBITOS DIARIOS PARA REFORZAR TU IMAGEN

ALIMENTACIÓN BALANCEADA

Lo que comes afecta directamente tu piel, cabello y niveles de energía. Incorpora alimentos ricos en vitaminas, minerales y antioxidantes. Por ejemplo:

- Frutas y verduras frescas.
- Proteínas magras como pollo, pescado o tofu.
- Grasas saludables como aguacate, nueces y aceite de oliva.

HIDRATACIÓN CONSTANTE

Beber suficiente agua mantiene tu piel hidratada y mejora tu energía. Intenta consumir al menos 2 litros de agua al día.

EJERCICIO REGULAR

Una rutina de ejercicio no solo mejora tu estado físico, sino que también libera endorfinas que te hacen sentir más positivo. Puedes optar por:

- Actividades cardiovasculares como correr o caminar.
- Yoga o pilates para mejorar tu postura y flexibilidad.
- Entrenamiento de fuerza para tonificar tu cuerpo.

SUEÑO REPARADOR

Dormir entre 7 y 9 horas cada noche ayuda a tu cuerpo a recuperarse y a mantener una apariencia fresca y saludable. Establece un horario fijo para acostarte y despertar.

EL IMPACTO DE LOS DETALLES

Los pequeños toques hacen una gran diferencia:

Ropa cuidada: Asegúrate de que tu ropa esté limpia, bien planchada y en buen estado.

Accesorios: Usa relojes, gafas o joyas que complementen tu estilo, pero evita sobrecargar tu apariencia.

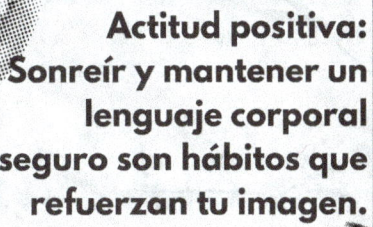

Actitud positiva: Sonreír y mantener un lenguaje corporal seguro son hábitos que refuerzan tu imagen.

EJERCICIO 1
Crea una rutina de cuidado personal sostenible

Haz una lista de tus hábitos actuales de cuidado personal.

Identifica qué aspectos podrías mejorar o añadir.

Diseña una rutina diaria o semanal que sea realista y puedas mantener a largo plazo.

Ejemplo de rutina diaria:

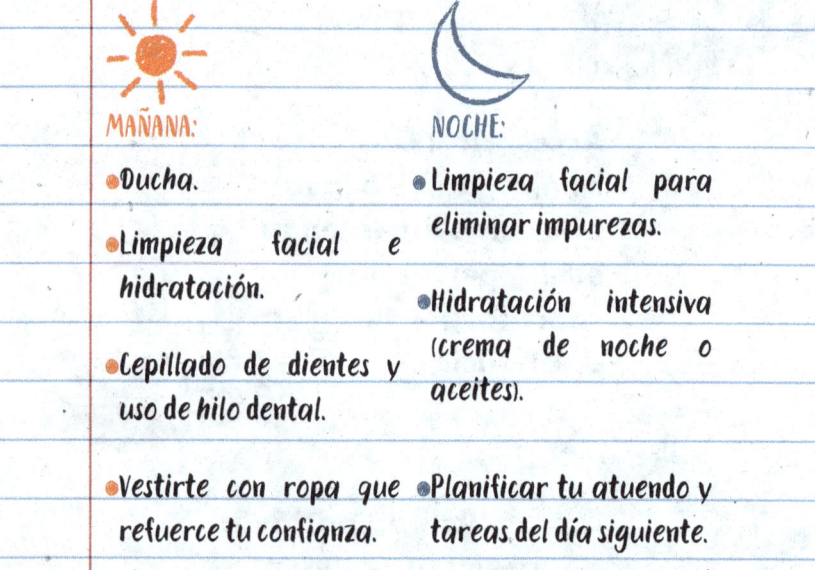

MAÑANA:
- Ducha.
- Limpieza facial e hidratación.
- Cepillado de dientes y uso de hilo dental.
- Vestirte con ropa que refuerce tu confianza.

NOCHE:
- Limpieza facial para eliminar impurezas.
- Hidratación intensiva (crema de noche o aceites).
- Planificar tu atuendo y tareas del día siguiente.

Dedica 30 minutos a ajustar o mejorar tu rutina diaria de cuidado personal. Puedes comenzar revisando los productos que usas y reemplazarlos por opciones que se adapten mejor a tus necesidades.

DÍA 7
Refinando tus habilidades de comunicación

La comunicación es la herramienta más poderosa que tienes para conectar con los demás y dejar una impresión duradera.

No se trata solo de qué dices, sino también de cómo lo dices.

Refinar tus habilidades de comunicación te ayudará a proyectar confianza, claridad y empatía, elementos esenciales para una imagen personal fuerte.

¿POR QUÉ ES IMPORTANTE LA COMUNICACIÓN EFECTIVA?

Una comunicación clara y efectiva puede:

Mejorar tus relaciones personales y profesionales.

Ayudarte a expresar tus ideas de manera convincente.

Generar confianza y credibilidad ante los demás.

El objetivo no es solo hablar bien, sino también escuchar de manera activa y demostrar comprensión.

ELEMENTOS CLAVE DE UNA COMUNICACIÓN EFECTIVA

Una comunicación clara y efectiva puede:

Claridad en el mensaje
Antes de hablar, asegúrate de que tus ideas estén organizadas. Un mensaje claro evita malentendidos y refuerza tu autoridad.
Usa frases cortas y directas. Evita el uso excesivo de palabras técnicas o rebuscadas.

Tono de voz adecuado
El tono de tu voz puede cambiar completamente la percepción de tu mensaje.
- Calidez: Transmite cercanía y empatía.
- Confianza: Habla con firmeza, pero sin agresividad.
- Entusiasmo: Muestra pasión por lo que dices, especialmente en temas importantes.

Velocidad y pausas
Hablar demasiado rápido puede dificultar la comprensión, mientras que hablar muy lento puede perder la atención del oyente.
- Ajusta tu ritmo según el contexto.
- Usa pausas estratégicas para enfatizar puntos importantes y dar tiempo a que el otro procese la información.

ESCUCHA ACTIVA: LA OTRA MITAD DE LA COMUNICACIÓN

Escuchar de manera efectiva es tan importante como hablar bien.

CONTACTO VISUAL: Mantén una mirada natural que demuestre atención e interés.

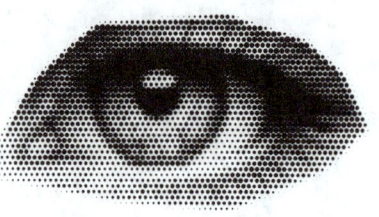

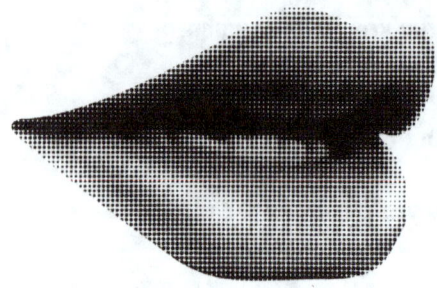

PARAFRASEO: Resume lo que la otra persona dijo para confirmar que entendiste correctamente.

EMPATÍA: Valida las emociones del otro con frases como "Entiendo cómo te sientes" o "Eso debe ser difícil para ti".

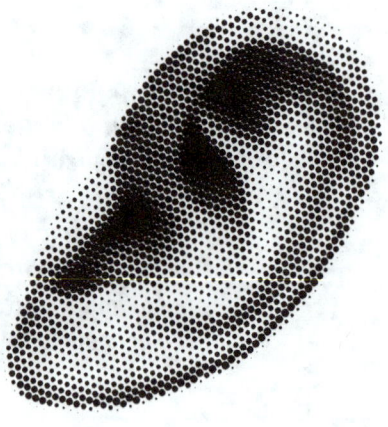

EJERCICIO 1:
Escucha activa

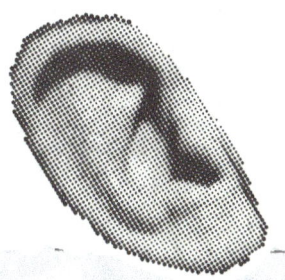
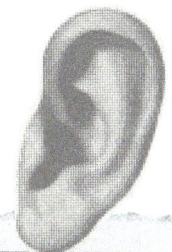

En tu próxima conversación, concéntrate en escuchar sin interrumpir. Toma nota mental de los puntos clave y responde con preguntas que demuestren tu interés.

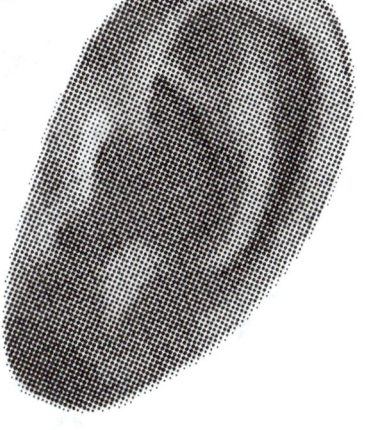

LENGUAJE CORPORAL Y COMUNICACIÓN

Tu postura, gestos y expresiones faciales complementan lo que dices.

POSTURA ABIERTA
Mantén los brazos relajados y evita cruzarlos, ya que esto puede parecer defensivo.

GESTOS NATURALES
Usa movimientos de manos para enfatizar tus palabras, pero evita exagerar.

SONRISA SINCERA
Una sonrisa genuina puede romper barreras y crear una conexión instantánea.

CÓMO MANEJAR CONVERSACIONES DIFÍCILES

En ocasiones, tendrás que enfrentarte a temas delicados o desacuerdos. Aquí te dejamos algunas estrategias para manejar estas situaciones:

MANTÉN LA CALMA

Evita elevar tu voz o reaccionar impulsivamente.

OKAY

SÉ ESPECÍFICO

Habla sobre hechos concretos en lugar de hacer generalizaciones.

OKAY

BUSCA SOLUCIONES

En lugar de enfocarte en el problema, dirige la conversación hacia posibles resoluciones.

OKAY

Ejemplo: En lugar de decir "Siempre haces esto mal", podrías decir "Creo que podemos encontrar una mejor forma de hacerlo. ¿Qué opinas?".

COMUNICACIÓN EN ENTORNOS DIGITALES

En un mundo digital, saber comunicarse en línea es esencial. Algunos consejos:

Sé breve y conciso

En mensajes de texto o correos, ve directo al punto.

Cuidado con el tono

Sin lenguaje corporal, tus palabras pueden malinterpretarse. Usa emojis o frases amables para transmitir calidez si es necesario.

Revisa antes de enviar

Asegúrate de que no haya errores ortográficos o malentendidos en tus mensajes.

EJERCICIO 2
Comunicándote mejor

Piensa en una conversación reciente en la que sentiste que podrías haber comunicado tus ideas mejor.

Reflexiona sobre qué aspectos podrías haber mejorado.	
Tono	Claridad

Practica con un amigo o frente al espejo para ajustar estos elementos.

Dedica 10 minutos a grabarte mientras hablas sobre un tema que domines.

Escucha la grabación y evalúa:

¿Es tu tono agradable y seguro?
¿Haces pausas adecuadas?
¿Transmitiste el mensaje de forma clara?

102

DÍA 8
Proyectando confianza y carisma

La confianza y el carisma son cualidades magnéticas que hacen que las personas quieran escucharte, seguirte y trabajar contigo.

Aunque algunas personas parecen nacer con ellas, la verdad es que ambas habilidades pueden desarrollarse y fortalecerse con práctica y consciencia.

Este capítulo te enseñará a proyectar confianza y a cultivar un carisma auténtico que se alinee con tu personalidad.

¿QUÉ ES LA CONFIANZA?

La confianza no es solo sentirse seguro de sí mismo, sino también proyectar seguridad a los demás. Se trata de creer en tus habilidades y ser capaz de actuar con convicción incluso en situaciones desafiantes.

SEÑALES DE CONFIANZA

Una postura erguida y abierta.

Un tono de voz firme pero calmado.

Mirada directa, sin evitar el contacto visual.

SEÑALES DE INSEGURIDAD
(QUE DEBES EVITAR)

Jugar con objetos o con tus manos.

Hablar demasiado rápido o titubear.

Evitar interactuar con los demás o parecer distraído.

¿QUÉ ES EL CARISMA?

El carisma es la capacidad de inspirar y atraer a las personas a través de tu personalidad, energía y forma de comunicarte. No es necesario ser extrovertido para ser carismático; lo importante es demostrar interés genuino en los demás y proyectar autenticidad.

ELEMENTOS DEL CARISMA

PRESENCIA

Estar completamente presente en cada interacción.

EMPATÍA

Mostrar interés genuino por los sentimientos y opiniones de los demás.

PASIÓN

Hablar con entusiasmo y energía sobre tus ideas y proyectos.

CONSTRUYENDO CONFIANZA DESDE ADENTRO

VISUALIZA EL ÉXITO

Antes de enfrentar una situación desafiante (una presentación, una reunión o incluso una conversación difícil), cierra los ojos e imagina cómo te gustaría que transcurriera. Este ejercicio te ayuda a preparar tu mente para el éxito.

ACEPTA TUS ERRORES

Nadie es perfecto, y aceptar tus fallos te hace más humano y accesible. Usa cada error como una oportunidad para aprender y crecer.

ESTABLECE PEQUEÑAS METAS

Cumplir pequeños objetivos diariamente refuerza tu confianza. Por ejemplo, practicar hablar en público frente a un amigo o mejorar tu lenguaje corporal frente a un espejo.

PRÁCTICAS PARA PROYECTAR CONFIANZA Y CARISMA

SONRÍE AUTÉNTICAMENTE

Una sonrisa genuina rompe barreras y genera confianza. Incluso en situaciones tensas, una sonrisa amable puede cambiar el tono de la interacción.

USA LENGUAJE CORPORAL SEGURO

Mantén los pies firmes en el suelo al pararte o sentarte.
Evita cruzar los brazos, ya que puede parecer que estás a la defensiva.
Haz movimientos de manos suaves y controlados para enfatizar tus palabras.

HABLA CON PROPÓSITO

Habla claro y despacio; esto muestra que estás seguro de lo que dices.
Usa pausas estratégicas para captar la atención de los demás.
Ajusta tu tono de voz dependiendo del mensaje que quieras transmitir.

MUESTRA INTERÉS GENUINO EN LOS DEMÁS

Haz preguntas abiertas como: "¿Qué opinas de esto?" o "¿Cómo te hizo sentir esa experiencia?".
Escucha activamente, asintiendo o repitiendo puntos clave para demostrar que estás comprometido.

EJERCICIO 1
Práctica diaria para fortalecer carisma y confianza

El carisma es la capacidad de inspirar y atraer a las personas a través de tu personalidad, energía y forma de comunicarte. No es necesario ser extrovertido para ser carismático; lo importante es demostrar interés genuino en los demás y proyectar autenticidad.

1
Dedica 2 minutos al día a adoptar una postura de poder (como pararte con las manos en la cintura y los pies ligeramente separados). Este gesto mejora tu confianza al liberar hormonas como la testosterona, que está vinculada a la sensación de seguridad.

2
"La regla de los 5 segundos"
En interacciones sociales, haz contacto visual y sonríe durante al menos 5 segundos al saludar. Esto ayuda a generar una conexión instantánea.

3
Historias con impacto
Identifica una experiencia personal que puedas usar para inspirar o conectar con los demás. Contar historias auténticas te hace más humano y carismático.

CÓMO DESTACAR EN REUNIONES Y PRESENTACIONES

Prepárate con antelación: Tener claridad sobre lo que quieres comunicar aumenta tu seguridad.

Inicia con impacto: Un saludo firme o una introducción memorable capta la atención desde el principio.

Usa ejemplos personales: Relaciona tus puntos con experiencias propias para mantener la autenticidad.

EJERCICIO 2
Hablando en público

Dedica al menos 15 minutos a practicar frente al espejo. Enfócate en:

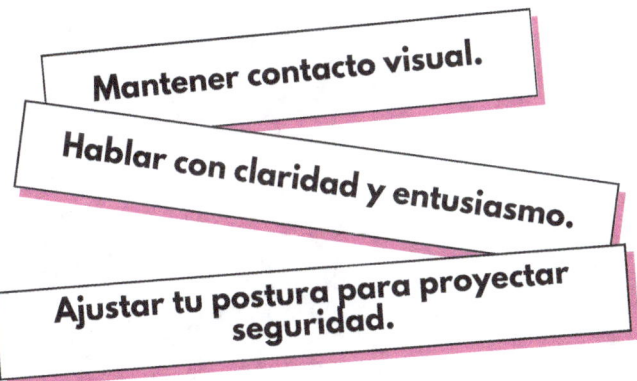

- Mantener contacto visual.
- Hablar con claridad y entusiasmo.
- Ajustar tu postura para proyectar seguridad.

Al terminar, identifica qué aspectos necesitas mejorar y continúa practicándolos durante tus interacciones diarias.

DÍA 9
Estilo de vida que refuerza tu imagen

Tu imagen personal no solo depende de cómo te presentas físicamente o de cómo te comunicas, sino también de las elecciones diarias que haces en tu estilo de vida.

Estas elecciones influyen en cómo los demás te perciben y en cómo te sientes contigo mismo.

Cultivar un estilo de vida coherente y saludable es clave para reforzar la imagen que deseas proyectar.

¿QUÉ ES UN ESTILO DE VIDA ALINEADO CON TU IMAGEN PERSONAL?

Un estilo de vida que refuerza tu imagen personal está compuesto por hábitos y actividades que están en armonía con tus valores, metas y personalidad. Incluye desde tu rutina diaria hasta la forma en que manejas tus relaciones personales y profesionales.

Elementos clave de un estilo de vida coherente:

CONSISTENCIA
Tus acciones reflejan tus principios y lo que quieres proyectar.

BALANCE
Combinas trabajo, descanso y actividades que te inspiran.

DISCIPLINA
Mantienes hábitos que fortalecen tu bienestar y tus metas.

EL IMPACTO DE TUS DECISIONES DIARIAS

TU ENTORNO FÍSICO

El espacio donde vives y trabajas comunica mucho sobre quién eres. Mantén tu entorno limpio, organizado y con elementos que reflejen tu personalidad.

> Ejemplo: Una oficina ordenada y con toques personales como fotografías, libros o arte transmite profesionalismo y calidez.

TU TIEMPO LIBRE

Lo que haces fuera del trabajo también influye en tu imagen. Participar en actividades que te apasionen muestra compromiso e interés en el crecimiento personal.

> Ejemplo: Practicar yoga, aprender un idioma o involucrarte en voluntariados pueden destacar aspectos positivos de tu personalidad.

TUS RELACIONES PERSONALES

Las personas con las que te rodeas también contribuyen a cómo te perciben los demás. Mantén relaciones que te inspiren y que estén alineadas con tus valores.

> Ejemplo: Conectar con personas positivas y proactivas puede motivarte a mejorar constantemente.

HÁBITOS SALUDABLES PARA UN ESTILO DE VIDA POSITIVO

Alimenta tu mente

Mantente curioso y dispuesto a aprender. Lee libros, escucha podcasts o asiste a talleres que amplíen tus conocimientos y habilidades.

Sugerencia: Dedica al menos 20 minutos diarios a leer sobre temas que te interesen.

Mantente físicamente activo

Opciones: Caminatas, natación, rutinas en casa, gimnasio o deportes en equipo.

Un cuerpo saludable proyecta energía y vitalidad. Encuentra actividades físicas que disfrutes y conviértelas en parte de tu rutina.

Cuida tu salud emocional

Tu bienestar mental es tan importante como el físico. Practica la introspección y busca apoyo cuando lo necesites.

Consejos: Dedica tiempo a la meditación, lleva un diario o habla con un amigo de confianza sobre tus pensamientos.

Descansa lo suficiente

El sueño de calidad es esencial para recargar tu energía y mantener una apariencia fresca. Intenta tener una rutina de sueño consistente y evita distracciones antes de dormir.

MANEJAR EL ESTRÉS PARA FORTALECER TU IMAGEN

El estrés puede afectar no solo tu salud, sino también cómo te relacionas con los demás.

Aquí hay estrategias para manejarlo:

ORGANIZACIÓN
Planifica tu día con antelación para evitar sentirte abrumado.

TÉCNICAS DE RELAJACIÓN
Prueba la respiración profunda, yoga o meditación para reducir la tensión.

DESCONEXIÓN DIGITAL
Tómate momentos sin dispositivos electrónicos para descansar tu mente.

EJERCICIO 1
Cómo mantener un estilo de vida sostenible

El estrés puede afectar no solo tu salud, sino también cómo te relacionas con los demás.

Aquí hay estrategias para manejarlo:

Haz una lista de tus hábitos actuales que crees que refuerzan tu imagen.

Anota aquellos que sientas que podrías mejorar.

Establece metas concretas para trabajar en un hábito a la vez.

> Hábito actual: Mantengo mi espacio limpio y organizado.
> Hábito a mejorar: Dormir más temprano.
> Meta: Acostarme a las 10:30 p. m. todos los días durante una semana.

Dedica 30 minutos a evaluar tu entorno físico. Pregúntate si tu espacio refleja la imagen que quieres proyectar. Haz pequeños cambios como organizar tu escritorio, actualizar la decoración o despejar áreas desordenadas.

120

DÍA 10
Consolidando tu nueva imagen personal

Has llegado al último día de este viaje, y ahora es momento de consolidar todo lo que has aprendido y trabajado en los últimos días. Tu nueva imagen personal no solo se trata de cómo te ven los demás, sino también de cómo te percibes a ti mismo. Este capítulo te ayudará a mantener los hábitos y cambios que has logrado y a adaptarlos continuamente a tu crecimiento personal y profesional.

EL PODER DE LA CONSISTENCIA

Construir una imagen personal no es un logro único, sino un proceso constante.

La clave está en mantener la coherencia en tu apariencia, comunicación y estilo de vida.

Esto no significa que no puedas evolucionar, sino que tus cambios deben reflejar siempre tus valores y objetivos.

EJERCICIO 1
Pasos para consolidar tu imagen personal

Reafirma tu propósito

Reflexiona sobre tu propósito y cómo tu nueva imagen lo respalda. Responde estas preguntas:

¿Qué quieres proyectar a partir de ahora?

¿Qué impacto quieres tener en los demás?

Actualiza tus metas

Revisa las metas que estableciste al inicio de este proceso y evalúa tu progreso. Si ya alcanzaste algunas, establece nuevas metas que te motiven a seguir creciendo.

Ejemplo: Si aprendiste a comunicarte con más confianza, podrías proponerte hablar en público o liderar reuniones importantes.

CREA UNA RUTINA DE REVISIÓN

Dedica tiempo cada mes para evaluar tu imagen personal. Pregúntate si sigues proyectando lo que deseas o si hay áreas que puedes mejorar.

CÓMO MANTENER EL EQUILIBRIO ENTRE AUTENTICIDAD Y ADAPTACIÓN

A medida que avanzas en tu vida personal y profesional, es posible que necesites ajustar ciertos aspectos de tu imagen para adaptarte a nuevos contextos.

Sin embargo, es importante mantener tu autenticidad.

Consejo:

Cada vez que realices un cambio, pregúntate si este refleja quién eres y si te acerca a tus metas.

SUPERANDO DESAFÍOS COMUNES

LA CRÍTICA EXTERNA

Es posible que algunas personas cuestionen los cambios en tu imagen. Recuerda que este proceso es para ti, no para los demás.

- Responde con calma y confianza.
- Enfócate en los comentarios constructivos y descarta las críticas no fundamentadas.

LA FALTA DE MOTIVACIÓN

Es normal sentirte desmotivado en algún punto. Para superar esto:

- Revisa tus logros pasados para recordar cuánto has avanzado.
- Busca inspiración en personas que admiras o en libros y recursos que refuercen tu visión.

EL MIEDO AL CAMBIO

Cambiar puede ser intimidante, pero también es necesario para crecer. Reconoce tus miedos y actúa a pesar de ellos. Cada pequeño paso es un avance.

TU IMAGEN PERSONAL COMO UNA INVERSIÓN A LARGO PLAZO

Al consolidar tu nueva imagen, estás invirtiendo en tu éxito personal y profesional. Una imagen coherente y auténtica:

- Genera confianza en quienes te rodean.
- Abre puertas a nuevas oportunidades.
- Refuerza tu autoestima y seguridad.

EJERCICIO 2
Celebra y comparte

Tómate un momento para celebrar todo lo que has logrado en estos 10 días.

Anota los cambios más significativos que has hecho y cómo te han beneficiado.

Comparte este logro con alguien de confianza que pueda apoyarte en mantener tu nueva imagen.

CONCLUSION

MANTENIENDO EL CAMBIO A LARGO PLAZO

La imagen personal no es un destino final, sino un viaje continuo de autodescubrimiento y evolución. A lo largo de este proceso, has aprendido a conocerte mejor, a proyectar lo mejor de ti y a vivir de manera más auténtica y alineada con tus metas.

A partir de ahora, recuerda que el cambio constante es parte del crecimiento. Mantente abierto a nuevas oportunidades, sigue cultivando hábitos saludables y nunca dejes de trabajar en ti mismo. La versión que has construido en estos 10 días es solo el comienzo de todo lo que puedes lograr.